BEI GRIN MACHT SICH IHR WISSEN BEZAHLT

Bibliografische Information der Deutschen Nationalbibliothek:

Die Deutsche Bibliothek verzeichnet diese Publikation in der Deutschen National-
bibliografie; detaillierte bibliografische Daten sind im Internet über http://dnb.d-
nb.de/ abrufbar.

Impressum:

Copyright © 2016 GRIN Verlag, Open Publishing GmbH
Druck und Bindung: Books on Demand GmbH, Norderstedt Germany
ISBN: 9783668476301

Dieses Buch bei GRIN:

http://www.grin.com/de/e-book/370281/ist-die-spd-noch-eine-volkspartei-zum-
volksparteienkonzept-von-otto-kirchheimer

Anonym

Ist die SPD noch eine Volkspartei? Zum Volksparteien-konzept von Otto Kirchheimer

GRIN Verlag

GRIN - Your knowledge has value

Der GRIN Verlag publiziert seit 1998 wissenschaftliche Arbeiten von Studenten, Hochschullehrern und anderen Akademikern als eBook und gedrucktes Buch. Die Verlagswebsite www.grin.com ist die ideale Plattform zur Veröffentlichung von Hausarbeiten, Abschlussarbeiten, wissenschaftlichen Aufsätzen, Dissertationen und Fachbüchern.

Besuchen Sie uns im Internet:

http://www.grin.com/

http://www.facebook.com/grincom

http://www.twitter.com/grin_com

Ist die SPD noch eine Volkspartei?

Inhaltsverzeichnis

1. Ist die SPD noch eine Volkspartei?

„Die SPD wird nie wieder Volkspartei" (Schlieben 2010). Das sagt zumindest der Parteien- und Kulturforscher Franz Walter von der Universität Göttingen. Folgt man der Aussage Walters, ergeben sich daraus zwei Thesen: Die eine lautet, dass die SPD zumindest zu einem bestimmten Zeitpunkt ihrer Geschichte einmal Volkspartei war. Die andere, dass die SPD heute keine Volkspartei mehr ist. In der vorliegenden Arbeit soll jedoch nicht der Frage nachgegangen werden, ob die SPD jemals wieder Volkspartei werden wird. Vielmehr soll geprüft werden, ob die zwei bereits genannten Thesen von Franz Walter zutreffend sind. Die Frage, die im Mittelpunkt der folgenden Ausarbeitung stehen soll, ist also, ob man die Sozialdemokraten heute noch als Volkspartei bezeichnen kann. Es muss zunächst gezeigt werden, aus welchen Gründen der SPD früher der Volksparteicharakter zugesprochen wurde, bevor anschließend der heutige Zustand der Partei auf dem Prüfstand steht. Da es den Rahmen sprengte, würde man die gesamte 150 - jährige Historie der SPD auf den Status einer Volkspartei prüfen, werden zwei für die diese Partei historische Daten als Vergleichswerte herangezogen. Zum einen das Jahr 1972, als die deutsche Sozialdemokratie mit 45,8% ihr bislang höchstes Ergebnis bei einer Bundestagswahl hatte. Und zum anderen das Jahr 2009, als die SPD zur Bundestagswahl mit 23,0% ihr historisch niedrigstes Ergebnis erleiden musste (vgl. bpb). Doch bevor diese beiden Jahre miteinander verglichen werden und geprüft werden kann, ob die SPD noch eine Volkspartei ist, muss zunächst geklärt werden, was der Begriff der Volkspartei eigentlich meint.

Um dieser Frage auf den Grund zu gehen, wird der Aufsatz *Der Wandel des westeuropäischen Parteisystems* von Otto Kirchheimer verwendet, in welchem er mehrere Charakteristika aufzeigt, die eine Partei aufweisen muss, um als Volkspartei bezeichnet zu werden. Zur Untermauerung und zum besseren Verständnis dieser Theorie, zieht der Verfasser beispielsweise noch die Annäherung an die Volkspartei von Bernd Hofmann und Parteiendemokratie im Wandel von Franz Decker zur Hilfe, deren Analysen das Volksparteienkonzept von Kirchheimer noch untermauern. Im Anschluss steht der Volksparteistatus der SPD auf dem Prüfstand. Hierzu werden unter anderem Arbeiten von Klaus Detterbeck, Hans See und Barbara Vielhaber berücksichtigt, die einen guten Einblick in die innerparteilichen Strukturen der SPD geben.

2. Volksparteien Konzept von Otto Kirchheimer

Im Folgenden soll nun genauer erläutert werden, was der Begriff der Volkspartei meint. Otto Kirchheimers Aufsatz *Der Wandel des westeuropäischen Parteisystems*, der 1965 in der Politischen Vierteljahresschrift erschienen ist, „gilt als die grundlegende Arbeit und führte den Begriff der Volkspartei als Parteitypus in die Wissenschaft ein" (Hofmann 2004: 51). Zum einen zeichnet sich sein Beitrag durch „breit fundiertes Wissen über politische Prozesse in verschiedensten westlichen Staaten und durch deren stringente komparatistische Verknüpfung aus" (Hofmann 2004: 51). Zum anderen spielt bei Kirchheimer auch immer eine wertgebundene und normative Komponente mit, „denn ins Zentrum all seiner Arbeiten stellte er die Frage, mit welcher politischen Ordnung die Freiheit des Einzelnen am sichersten und die Partizipationsmöglichkeiten aller Bürger am besten gewährleistet werden könne" (Hofmann 2004: 51). Seine Analysen zu Parteien und Parteiensystemen sind ebenfalls von diesen Komponenten geleitet und somit ist die Ausgangsfrage bei der Analyse von westlichen Parteiensystemen, „wann diese stabil sind und unter welchem Umständen es zu Krisen kommen kann" (Hofmann 2004: 51). In Anlehnung an LaPalombara und Weiner, die davon ausgehen, „daß die soziale Wirklichkeit allen Parteisystemen gewisse Probleme zur Lösung aufgibt: Schaffung der nationalen Einheit, Errichtung einer Verfassungsordnung, Eingliederung der Gesamtbevölkerung in diese Ordnung und Befriedigung der Bevölkerungswünsche auf Vollbeteiligung an allen zivilisatorischen Errungenschaften" (Kirchheimer 1965: 20), geht Kirchheimer davon aus, dass sich ein Parteiensystem nur entwickeln kann, wenn diese historischen Belastungsfaktoren nicht miteinander kollidieren (vgl. Hofmann 2004: 51). Zudem wird von Kirchheimer noch ein weiteres Kriterium angeführt, das über den Erfolg eines Parteiensystems entscheiden kann: es bilden sich Volksparteien und es findet ein Wandel zu einem Volksparteiensystem statt. (vgl. Hofmann 2004: 51) In diesem Parteiensystem, das logischerweise von Volksparteien dominiert wird, sieht Kirchheimer „einen Garanten für staatliche und gesellschaftliche Stabilität" (Hofmann 2004: 51). Somit ist dieses Konzept nicht mehr nur der Parteiensoziologie zuzurechnen, sondern Kirchheimer sieht seinen Beitrag „als parteiensoziologisch relevanten Bestandteil eines Konzeptes der modernen westlichen Industriegesellschaft" (Mintzel 1984: 112).

2.1. Parteiensystem vor dem Zweiten Weltkrieg

Um verstehen zu können, aus welchen Gründen sich Volksparteien entwickelt haben, muss zunächst erläutert werden, welche Parteitypen vor der Entwicklung dieses Typus existierten.

In der Vorkriegszeit waren dies: die demokratischen Massenintegrationsparteien auf Klassen- oder Konfessionsbasis, die prinzipiellen Oppositionsparteien sowie die älteren Parteien mit individueller Repräsentation (vgl. Kirchheimer 1965: 26). Maßgeblich ist für Kirchheimer die politische Integration. Darunter versteht er „die Fähigkeit eines politischen Systems, Gruppen, die bisher außerhalb der politischen Ordnung gestanden haben, vollinhaltlich in das System einzubeziehen" (Kirchheimer 1965: 24) und diese setzt voraus, „daß eine Gesellschaft gewillt ist, die volle politische Partnerschaft aller ihrer Bürger ohne Vorbehalte anzuerkennen" (Kirchheimer 1965: 25). Zunächst beschreibt er die sozialistischen Parteien, die einen großen Beitrag an der gesellschaftlichen Integration ihrer Mitglieder hatten. Jedoch waren diese Parteien eher systemfeindlich und strebten die Abkehr von demselben an (vgl. Kirchheimer 1965: 24f). „Sie wollten das Ende dieses Systems dadurch sicherstellen und beschleunigen, daß sie die Bevölkerung insgesamt mit ihrer jeweils als exemplarisch verstandenen Haltung identifizierten" (Kirchheimer 1965: 24f). Die mangelnde Bereitschaft der übrigen politischen Gruppen, die Forderungen der Massenparteien der Arbeiterklasse zu erfüllen, war vor allem dafür verantwortlich, „daß es nicht gelang, die Arbeiterklasse mit Hilfe ihrer Organisationen so weit in die Industriegesellschaft einzugliedern, daß von einem Zustand einer allgemeinen politischen Integration die Rede sein konnte" (Kirchheimer 1965: 25). Aufgrund der Teilnahme am Krieg, der Diskussionen über Kriegsschulden und aufgrund der verheerenden Auswirkungen der Inflation ging eine breite Politisierung in der Bevölkerung vonstatten. Jedoch ist Politisierung nicht gleichzusetzen mit politischer Integration, die wie bereits erwähnt die volle politische Partnerschaft aller Bürger anerkennt. Letztendlich hing die Integration der Massenparteien auf Klassenbasis von den anderen Kräften im politischen System ab (vgl. Kirchheimer 1965: 25). „In einigen Fällen war diese Haltung so negativ, daß sie zur Verzögerung der Integration in das politische System führte oder zu seiner Auflösung beitrug" (Kirchheimer 1965: 25). Gleichzeitig versagten die individuellen Repräsentationsparteien dabei, sich in Integrationsparteien umzuwandeln. Aufgrund des beschränkten Zugangs zu staatlicher Macht durch Erziehungs- und Klassenprivilegien war der Anreiz für bürgerliche Parteien eher gering, sich stärker zu organisieren (vgl Kirchheimer 1965: 26). „Wo die Bourgeoisie zahlenmäßig im Nachteil war, konnte sie das durch entsprechende Beziehungen zu Armee und Bürokratie ausgleichen" (Kirchheimer 1965: 26).

Man kann also resümieren, dass es zum einen schwierig war, die proletarischen Massenintegrationsparteien in das politische System einzugliedern. Es war allerdings auch problematisch, dass sich die bürgerlichen Repräsentationsparteien nicht zu

Integrationsparteien umwandelten (vgl. Kirchheimer 1965: 26). Diese Gruppen nutzten weiterhin ihren Zugang zu staatlichen Machtpositionen, um „die Massenintegrationspartei aus dem politischen Spiel fernzuhalten" (Kirchheimer 1965: 26).

2.2 Parteiensystem nach dem Zweiten Weltkrieg

Nach dem Zweiten Weltkrieg veränderte sich die Struktur der politischen Parteien, da die Anerkennung der politischen Marktgesetze unvermeidlich wurde (vgl. Kirchheimer 1965: 26f). In Anlehnung an die ökonomischen Konzepte von Downs und Schumpeter „kann der politische Prozess als Marktsituation verstanden werden, bei dem die Parteien um die Wählerstimmen konkurrieren, indem sie dem Wähler die Vertretung seiner Interessen offerieren" (Hofmann 2004: 55). Der Wähler wird als homo politicus gesehen, und dieser „ist in seiner Entscheidung weitgehend frei von emotionalen und traditionalen Bindungen und wählt rational nach Effizienzkriterien diejenige Partei, die ihm das beste Angebot unterbreitet" (Hofmann 2004: 55). Der entscheidende Unterschied im Parteiensystem vor und nach dem Krieg ist also, dass eine politische Marktsituation existiert, in der unterschiedliche Parteien um die Stimme des Wählers werben (vgl. Hofmann 2004: 55) und somit sieht Kirchheimer „das Prinzip des Wettbewerbs zwischen den Parteien in allen „modernen Industriegesellschaften" als dominantes Strukturprinzip, das sich auch in der Konfiguration der Parteien niederschlägt" (Hofmann 2004: 55).

Im Zuge dieser veränderten Strukturen nehmen die bürgerlichen Parteien mit individueller Repräsentation massiv an Wichtigkeit ab (vgl. Kirchheimer 1965: 27). Gleichzeitig „formt sich die Massenintegrationspartei, die in einer Zeit schärferer Klassenunterschiede entstanden war, zu einer Allerweltspartei (catch-all party), zu einer echten Volkspartei, um" (Kirchheimer 1965: 27). Diese zeichnet sich dadurch aus, dass sie die Versuche aufgibt, „sich die Massen geistig und moralisch einzugliedern, und lenkt ihr Augenmerk in stärkerem Maße auf die Wählerschaft; sie opfert also eine tiefere ideologische Durchdringung für eine weitere Ausstrahlung und einen raschen Wahlerfolg" (Kirchheimer 1965: 27). Da diese Parteien nun eher begrenzte politische Aufgaben vor sich haben und der unmittelbare Wahlerfolg angestrebt wird, werden frühere Ziele heute eher als erfolgsmindernd angesehen, „weil sie Teile der potentiell die ganze Bevölkerung umfassenden Wahlklientel abschrecken" (Kirchheimer 1965: 27).

Wichtig ist, dass Kirchheimer nicht davon ausgeht, dass neugegründete Parteien neuen Typs die bisherigen Parteien verdrängen werden. Sondern aus seiner Sicht bleiben die bestehenden

Parteien erhalten, die den Parteitypus umgestaltet haben (vgl. Hofmann 2004: 55). Diese Umformung der Massenparteien auf Klassenbasis unterteilt er in drei Stadien. Zunächst die Zeit bis zum Ersten Weltkrieg, in der die Stärke der Partei ständig wächst (vgl. Kirchheimer 1965: 27). Anschließend, in den 20er und 30er Jahren, muss sich die Partei die ersten Male in Regierungsverantwortung beweisen, was weniger zufriedenstellend war, „wenn man sie einerseits den Erwartungen der Anhänger oder Führer dieser Massenparteien und andererseits der offensichtlichen Notwendigkeit eines Konsensus im Hinblick auf das politische System gegenüberstellt" (Kirchheimer 1965: 27). Anschließend ist das Stadium erreicht, „in dem die Parteien alle Teile der Bevölkerung zu erreichen streben, wobei einige noch versuchen, ihre besondere Wählerschaft – die Arbeiterklasse – an sich zu fesseln und gleichzeitig andere Wählerschichten miteinzubeziehen" (Kirchheimer 1965: 27).

Kirchheimer zeigt ebenfalls, dass die Tradition der Gesellschaftsstruktur ein einschränkender Faktor in der Erfüllung des Ideals der Allerweltspartei ist. Dies macht er am Beispiel der italienischen Democrazia Cristiana deutlich, die aufgrund ihrer konfessionellen Basis wohl eher weniger Erfolg hätte, würde sie sich an antiklerikale Elemente in der Gesellschaft richten (vgl. Kirchheimer 1965: 28). Allerdings hindere nichts die Partei, „ihren Appell an die Wähler so zu formulieren, daß sie die größtmögliche Aussicht hat, mehr derjenigen zahlreichen Bevölkerungsteile für sich zu gewinnen, die sich nicht an den klerikalen Bindungen der Partei stoßen" (Kirchheimer 1965: 28). Des weiteren nennt Kirchheimer das Beispiel der SPD in Deutschland und der Labour Party in Großbritannien. Für diese Parteien wäre es wohl kaum von Nutzen, Zugeständnisse an Hausbesitzer und Grundeigentümer zu machen, da man dadurch an Glaubwürdigkeit bei der städtischen Bevölkerung einbüßte. Allerdings bestehen genügend Gemeinsamkeiten innerhalb der verschiedenen Bevölkerungsschichten, damit man gleichzeitige Appelle an alle richten kann (vgl. Kirchheimer 1965: 28). „So können Tradition sowie gesellschaftliche und berufsständische Struktur der Ausstrahlung einer Partei Grenzen setzen oder potentielle Wählerschichten öffnen" (Kirchheimer 1965: 28). Natürlich wäre die Hoffnung naiv, dass man alle Wählerschichten erreicht, jedoch darf die Partei hoffen, „mehr Stimmen in all den Schichten zu gewinnen, deren Interessen nicht so stark miteinander kollidieren, daß jeder Versuch, sie gleichzeitig zu gewinnen, von vornherein zum Scheitern verurteilt wäre oder die Gefahr der Selbstzerstörung einschlösse" (Kirchheimer 1965: 28). Unterschiedliche Vorstellungen und Ziele verschiedener Gruppen können überwunden werden, indem die programmatische Betonung vor allem auf Punkten liegt, aus denen alle Gruppen partizipieren und einen Vorteil ziehen (vgl. Kirchheimer 1965: 28).

Noch wichtiger ist für Kirchheimer, dass sich die Partei auf Fragen konzentriert, die innerhalb der Gesellschaft nicht sonderlich kontrovers sind und die kaum Reibungspunkte mit sich bringen (vgl. Kirchheimer 1965: 28). Damit ist gemeint, dass für den Fall, die Partei würde ihre Appelle zukünftig nicht mehr nur an besondere Bevölkerungsgruppen richten wollen, sondern eine möglichst große Wählerschaft einschließen, „dann bieten gesellschaftliche Ziele, die über Gruppeninteressen hinausgehen, die besten Erfolgsaussichten" (Kirchheimer 1965: 28).

2.3. Fünf für eine Volkspartei typische Charakteristika

Nachdem etwas über die Entstehung des Volksparteitypus und über die Grundkonzeption Kirchheimers gesagt wurde, soll nun noch die Frage in den Mittelpunkt gerückt werden, welche Charakteristika eine Partei laut Kirchheimer zu erfüllen hat, um sich als Allerweltspartei, als echte Volkspartei bezeichnen zu können.

Grundsätzlich ist es nur für große Parteien möglich, sich zu einer Allerweltspartei zu entwickeln. Kleinen oder regional beschränkten Parteien ist dies nicht möglich (vgl. Kirchheimer 1965: 29f). Außerdem spielt der Begriff der Integration nach wie vor eine wichtige Rolle. Ein wichtiges Charakteristikum der Volkspartei ist allerdings, dass die Integration ein Mittel ist, „deren sichtbares Endergebnis darin liegt, am Wahltag die größtmögliche Zahl von Wählern für sich zu gewinnen" (Kirchheimer 1965: 34). Dieses Prinzip der Stimmenmaximierung ist für Kirchheimer die zentrale Eigenschaft, die die Allerweltspartei von den früheren Massenintegrationsparteien unterscheidet (vgl. Hofmann 2004: 56).

Kirchheimer nennt fünf weitere Eigenschaften, die den Typus der Volkspartei auszeichnen. Diese fünf werden im Folgenden aufgezeigt und in der späteren Analyse, dann, wenn der Volksparteistatus der SPD auf dem Prüfstand steht, geprüft.

2.3.1. Radikales Beiseiteschieben der ideologischen Komponenten

Ein enorm wichtiges Kriterium, wenn sich eine Partei zu einer Volkspartei entwickeln will, ist die politische Desideologisierung (vgl. Kirchheimer 1965: 32). Das bedeutet, „Ideologie vom Platz einer Hauptantriebskraft der politischen Zielsetzung auf die Rolle eines der möglichen Elemente in einer sehr viel komplexeren Motivationsreihe zu beschränken" (Kirchheimer 1965: 29). Natürlich zielt die Aufgabe der Ideologie letztendlich darauf ab, sich neuen

Wählerschichten zu öffnen, die aufgrund der vorherrschenden Ideologie bisweilen ausgeschlossen waren. Beispielsweise Parteien mit christlicher Ideologie schließen kategorisch Menschen aus, die keinen Bezug zum christlichen Glauben haben (vgl. Kirchheimer 1965: 29). „Sie bezahlt die Bindungen religiöser Solidarität und die Vorteile von Förderorganisationen mit dem Preis, einige Millionen Wähler abzustoßen" (Kirchheimer 1965: 29). Zudem resultiert daraus auch eine Ausweitung der Wählerbasis, da die Allerweltspartei nicht mehr nur Wähler einer bestimmten Klasse oder Konfession anspricht, sondern die ganze Bevölkerung (vgl. Decker 2015: 46). Diese Phase der Entideologisierung ist für Kirchheimer mit der gesellschaftlichen Entwicklung der Nachkriegszeit kompatibel. Es geht den Parteien nicht mehr um eine ideologische Durchdringung, sondern in erster Linie ist es wichtig, die Programmatik so auszurichten, dass möglichst viele Wählerschichten erschlossen werden. Kurzfristige taktische Maßnahmen sind für den Typus der Volkspartei wichtiger, wodurch langfristige ideologische Ziele in den Hintergrund treten (vgl. Hofmann 2004: 17).

2.3.2. Stärkung der Politiker an der Parteispitze

Ein weiterer Charakteristikum, das Kirchheimer als typisch für eine Allerweltspartei anführt, ist die weitere Stärkung der Politiker in den parteilichen Führungspositionen (vgl. Kirchheimer 1965: 32). „Was sie tun oder unterlassen, wird jetzt mehr vom Standpunkt ihres Beitrags zur Wirksamkeit des ganzen gesellschaftlichen Systems angesehen und nicht danach, ob sie mit den Zielen der jeweiligen Parteiorganisation übereinstimmen" (Kirchheimer 1965: 32). Dies impliziert, dass die Politiker an der Parteispitze an Autonomie gegenüber parteilichen Funktionären und Mitgliedern gewinnen und zeigt letztlich „die Herausstellung der gehobenen Funktions- und Mandatsträger im Rahmen einer personalisierten Führungsstruktur" (Decker 2015: 53). Daraus ergibt sich allerdings auch, dass die Loyalität der Parteimitglieder gegenüber der Parteiorganisation schwindet (vgl. Hofmann 2004: 58). Ein wichtiges Stichwort ist zudem der Begriff der Professionalisierung. Man geht hierbei davon aus, dass „die Ausfüllung eines politischen Mandats vielen Mühen, Widerständen und Komplexitäten, zuweilen regelrecht feindlichen Umweltbedingungen unterworfen ist" (Vielhaber 2015: 90) und deshalb soll sich eine kleine Gruppe, die politische Klasse, auf die Arbeit in der Politik spezialisieren (vgl. Vielhaber 2015: 90). Die innerparteiliche Macht respektive die parteilichen Führungspositionen haben nicht mehr die Parteibürokraten inne, sondern diese Aufgabe wird von den Inhabern der Mandate und Spitzenpositionen übernommen (vgl. Vielhaber 2015: 90). Ein weiterer Punkt, der mit der Professionalisierung einhergeht, ist, dass politische Überzeugungsarbeit für die Berufspolitiker weniger wichtig ist als Management- und Kommunikationsfähigkeiten. So kommt es also, dass Politikherstellung an Wichtigkeit für das Führungspersonal eingebüßt hat. Es ist nun wesentlich essentieller, dass die politischen Inhalte „nach den Gesetzen von kommunikativen und medialen Inszenierungen" (Vielhaber 2015: 94) dargestellt werden (vgl. Vielhaber 2015: 94).

2.3.3. Entwertung der Rolle des einzelnen Parteimitglieds

Die Rolle der Parteimitglieder, die „als Scharnier zwischen Mandatsträgern und Wählern" (Decker 2015: 54) fungieren, „wird als historisches Überbleibsel angesehen, das das Bild der neu aufgebauten Allerweltspartei in ein falsches Licht setzen kann" (Kirchheimer 1965: 32). Parteien sind nicht mehr sonderlich stark auf Ressourcen, Vermittlungsdienste und Partizipationsangebote ihrer Mitglieder angewiesen. Der erste Grund dafür ist, dass sich die Partei erstens primär durch den Staat und durch Interessengruppen finanziert und deshalb nicht mehr in großem Maße von den monetären Beiträgen ihrer Mitglieder abhängig ist (vgl. Decker 2015: 55). Zweitens verlagert sich die Kommunikation im Wahlkampf in erster Linie auf die Medien, wodurch beispielsweise Straßenwahlkämpfe der Mitlieder enorm an Wichtigkeit verlieren (vgl. Vielhaber 2015: 85). „Massenmedien haben etwaige Informationsprivilegien von Mitgliedern praktisch aufgesaugt und die Beteiligungsmöglichkeiten sind stärker formal als substantiell" (Vielhaber 2015: 85). Und, wie bereits erläutert, verlieren die Parteimitglieder drittens im Verhältnis zur Parteispitze an Wichtigkeit, „was sich zugleich in einem Bedeutungsverlust der innerparteilichen Gruppierungen und Organisationen niederschlage" (Decker 2015: 55). Mitglieder können sich sogar als dysfunktional erweisen: beispielsweise „eine Tendenz zu programmatischen Hardliner-Positionen können regelrechte „Störfaktoren" für die von der medienorientierten und professionell beratenen Parteispitze gewünschte corporate identity darstellen" (Vielhaber 2015: 86f). Außerdem stellen eher traditionsverhaftete Mitglieder oftmals ein Hemmnis dar, wenn es um die programmatische Weiterentwicklung der Partei geht. Da die Parteispitzen auch ein hohes Maß an Flexibilität benötigen, „um auf die volatilen Wählermärkte zu reagieren und der zunehmenden Sachkomplexität und dem gestiegenen Handlungstempo gerecht zu werden" (Vielhaber 2015: 87), ist es deshalb auch von Nutzen, wenn sie sich nicht einer allzu großen Masse an Mitgliedern ausgesetzt sieht, an die die sie gebunden ist und die

Mitsprache einfordern (vgl. Vielhaber 2015: 87).

2.3.4. Abkehr von der *chasse gardée*

Mit chasse gardée ist eine Wählerbasis auf Klassen- und Konfessionsbasis gemeint (vgl. Kirchheimer 1965: 32). Laut Kirchheimer ist die Abkehr von genau dieser Wählerschaft charakteristisch für eine Volkspartei. Damit ist gemeint, dass nicht mehr nur bestimmte Wählerschichten angesprochen werden, „stattdessen Wahlpropaganda mit dem Ziel, die ganze Bevölkerung anzusprechen" (Kirchheimer 1965: 32). Für die Volkspartei bedeutet dies, dass eine breit angelegte Wähleransprache vonstatten gehen muss. Ein wichtiges Medium hierfür sind die Wahl- und Parteiprogramme, die allerdings nicht zu stark konkretisiert werden dürfen, da dies zur Folge haben könnte, potenzielle Wähler zu verschrecken (vgl. Hofmann 2004: 58). Ein möglichst allgemein formuliertes Wahl- oder Parteiprogramm ist also typisch für eine Volkspartei (vgl. Kirchheimer 1965: 38). Dies erlaubt ihr, „als Sammelpunkt zu fungieren, von dem aus konkrete Aktionen für eine Vielzahl von Interessengruppen ausgearbeitet werden" (Kirchheimer 1965: 38).

2.3.5. Streben nach Verbindungen zu verschiedensten Interessenverbänden

Der fünfte und letzte Punkt, den Kirchheimer als Charakteristikum für eine Allerweltspartei anführt, ist das Streben, gute Verbindungen zu verschiedensten Interessengruppen zu pflegen. Hierbei können finanzielle Aspekte ein Beweggrund sein. Kirchheimer merkt allerdings an, dass in Staaten, in denen Parteien Zugang zu öffentlichen Mitteln oder zu den wichtigsten Kommunikationsmitteln haben – wie beispielsweise in Deutschland – finanzielle Überlegungen eher zweitrangig sind (Kirchheimer 1965: 32). Im Mittelpunkt steht die Maximierung von Wählerstimmen, „wobei die Interessengruppen als Mittler dienen" (Kirchheimer 1965: 32). Die Allerweltspartei soll also danach streben, gute Verbindungen zu möglichst vielen Interessenverbänden zu pflegen. Hierbei ist neu, dass sich nicht speziell auf ein soziales oder inhaltliches Spektrum festgelegt wird, sondern das jenes breit angelegt sein soll (vgl. Hofmann 2004: 57). „Eine Eingrenzung auf ein spezifisches Segment der Interessenvertretungen oder ein milieuhaftes Kooperationsverhalten lehnt die Volkspartei ab" (Hofmann 2004: 57). Außerdem gibt es einen einen Unterschied im Verhältnis der Interessenverbände und Volksparteien, denn es werden nicht mehr gemeinsame Strategien und Ziele verfolgt, wie das noch zur Zeit der Massenintegrationsparteien der Fall war. Heute leisten sich die beiden eher begrenzte Dienste, die durch Unabhängigkeit und

Instrumentalisierung geprägt sind (vgl. Hofmann 2004: 57).

3. Der Volksparteistatus der SPD

Im Folgenden soll nun gemäß der bereits beschriebenen Theorie von Kirchheimer geprüft werden, ob die SPD heute noch eine Volkspartei ist. Hierzu wird zunächst auf den Status der SPD nach der Bundestagswahl 1972 eingegangen, als die Partei mit 45,8% ihr bislang höchstes Ergebnis eingefahren hat (bpb). Es wird herausgestellt, aus welchen Gründen man den Sozialdemokraten damals den Charakter einer Volkspartei zugesprochen hat, bevor das Augenmerk anschließend auf das Wahljahr 2009 gerichtet wird, in welchem mit 23,0% das historisch schlechteste Ergebnis zu ertragen war. Auch hier werden die fünf unterschiedlichen Charakteristika, die Kirchheimer als typisch für eine Volkspartei aufzählt, analysiert und es wird geprüft, ob man der SPD heute noch den Volksparteistatus zusprechen kann.

3.1. Volksparteistatus der SPD im Jahre 1972

Im Folgenden sollen nun die fünf Charakteristika, die Kirchheimer als typisch für eine Volkspartei aufgezeigt hat, auf die SPD angewendet und es soll zunächst gezeigt werden, warum man den Sozialdemokraten früher den Volksparteistatus zugesprochen hat. Hierzu werden die Charakteristika nacheinander geprüft.

Der erste Punkt, den Kirchheimer aufweist, ist die Entideologisierung, um sich neuen Wählerschichten zu öffnen, die aufgrund der bisherigen Ideologie ausgeschlossen waren. Die Arbeiterbewegungen, aus denen die SPD letztlich entstand, waren durchaus stark ideologisch geprägt. Im Vordergrund stand der marxistische Sozialismus und die Überwindung der kapitalistischen Gesellschaft (vgl. Detterbeck 2011: 123). Aufgrund der Erfolge der Sozialen Marktwirtschaft und der negativen Eindrücke des DDR-Regimes bekam dieser ideologische Kern jedoch erste Risse. So kam es, dass sukzessive die Reformorientierung in den Vordergrund rückte. Richtungsweisend für die SPD wurde der Godesberger Parteitag im Jahre 1959. Hier verabschiedete man sich endgültig von der marxistischen Ideologie, denn man wollte Grundwerte und Pluralismus großschreiben. Auch außenpolitisch vollzog sich innerparteilich eine Kehrtwende. Man näherte sich der CDU-Regierung an, indem das vorherige Nein zur Nato-Mitgliedschaft der BRD aufgelöst wurde und man von nun an hinter der Nato und der Bundeswehr stand. Damit wurden zwei wesentliche Ziele verfolgt. Zum einen wollte sich die SPD neuen Wählerschichten öffnen, die durch die vorher starke marxistisch-ideologische Prägung verschlossen blieben. Zum anderen war es wichtig, sich den Regierungsparteien anzunähern, um letzten Endes selbst in Regierungsverantwortung zu treten (vgl. Detterbeck 2011: 123ff). Dadurch ist einer der von Kirchheimer genannten Aspekte erfüllt: die SPD hat sich mit dem Godesberger Programm in ihren Grundsätzen ganz klar entideologisiert und erschließt sich somit neuen Wählerschichten, die ihr aufgrund der marxistischen Ideologie bislang vorenthalten blieben.

Durch die Stuttgarter Parteireform änderte sich auch die Führungsstruktur innerhalb der SPD stark. Bis 1958 standen besoldete Vorstandsmitglieder an der Spitze der Partei, die nicht gleichzeitig Bundestagsabgeordnete sein durften. Das sogenannte Büro wird durch ein Präsidium ersetzt, welches vom Parteivorstand gewählt wird. Es findet nun eine innerparteiliche Machtverschiebung von der Parteizentrale zur Bundestagsfraktion statt, wodurch die Berufspolitiker der Parteibürokratie durch Berufspolitiker in den Parlamenten ersetzt werden (vgl. Grunden 2012: 102f). Die neue Führung liegt nun in deren Händen, „die das Handeln der Partei in den Verfassungsorganen, das heißt für die breite Öffentlichkeit sichtbar, zu verantworten haben" (Grunden 2012: 102). Ein weiteres Faktum, das zeigt, dass das Führungspersonal der SPD weiter gestärkt wurde, ist die für Deutschland neue Schöpfung der Figur des Kanzlerkandidaten (vgl. Grunden 2012: 103). Bei dieser aus den USA importierten Wahlkampfkunst geht es in erster Linie um eines: „in den einst verachteten bürgerlichen Medien reüssieren, um neue Wählerschichten erschließen zu können" (Grunden 2012: 103). Ein weiterer Punkt, der für eine stark ausgeprägte innerparteiliche Führungsstruktur spricht, ist die Wahl der Parteivorstände. Bei Wahlen werden die Vorschläge zumeist von den Vorständen selbst unterbreitet und diese verlangen zumeist, dass sich damit arrangiert wird (vgl. See 1972: 35). Die Möglichkeiten der Veränderung des von unten kommenden politischen Willens sind so groß, dass damit kein Einfluss mehr auf die Besetzung der Führungspositionen genommen werden kann. „Der Wahlmechanismus kann vielmehr von der Gruppe der bisherigen Inhaber dieser Positionen so gehandhabt werden, daß ausschließlich ihr Wille über die künftige Besetzung der Führungspositionen entscheidet" (See 1972: 35). Eine Einschränkung des Einflusses der Delegierten findet beispielsweise durch das Blockwahlsystem statt, welches bedeutet, „daß die Vorstandsbeisitzer in einem Wahlgang auf einem Wahlzettel gewählt und Anhänger von Minderheiten gezwungen werden, auch jene zu wählen, die sie eigentlich abzuwählen beabsichtigen" (See 1972: 36). Beispielsweise auf dem SPD-Parteitag 1960 wurden für 29 zu vergebene Positionen nur 31 Vorschläge gemacht, was bedeutet, dass jeder Delegierte nur die Wahl hatte, zwei der 31

13

Kandidaten wegzustreichen. Dazu kam, dass man mit der Nominierung eines Gegenkandidaten schon fast den Eindruck erweckte, gegen die Parteidisziplin zu verstoßen, weil man nach außen Geschlossenheit demonstrieren möchte (vgl. See 1972: 36). Dadurch „wird eine solche Wahl faktisch zu einer Akklamation" (See 1972: 36). Auch wenn man sich den Slogan des Wahlprogramms der SPD von 1972 ansieht, wird deutlich, dass es innerhalb der Partei starke Tendenzen zugunsten der Spitze gibt. „Mit Willy Brandt für Frieden, Sicherheit und eine bessere Qualität des Lebens" (Friedrich Ebert Stiftung) lautet die Überschrift des Wahlprogramms. Dies verdeutlicht die zunehmende Personalisierung der Wahlkämpfe, in denen die einzelnen Führungspersonen im Mittelpunkt stehen und natürlich damit auch gestärkt werden. Das Aufgezeigte zeigt ziemlich gut, dass die innerparteilichen Strukturen der SPD ganz klar in Richtung der Parteiführung geht und somit ist auch der zweite Punkt von Kirchheimer erfüllt.

Des weiteren ist für eine Volkspartei die Entwertung der einzelnen Parteimitglieder charakteristisch. Dass dies bei der SPD im Jahre 1972 bereits sehr fortgeschritten war, kann man teilweise aus dem gerade gezeigten Aspekt ableiten. Es ist logisch, dass die Rolle der einzelnen Parteimitglieder schwächer wird, wenn gleichzeitig die parteilichen Führungspositionen gestärkt werden. Ein zusätzliches Argument, das zeigt, dass einzelne Parteimitglieder an Wichtigkeit verloren haben, sind die Finanzierungsmöglichkeiten der Parteien (vgl. See 1972: 105). Bei der SPD waren die Mitgliedsbeiträge aufgrund der höheren Mitgliederzahl zwar noch etwas wichtiger, jedoch gewannen Spenden von Wirtschaftsverbänden sowie die Gelder, die sich durch die Parteienfinanzierung ergaben, die durch das neue Parteiengesetz geregelt wurde, sukzessive an Bedeutung. Somit nahm die Abhängigkeit von den Beitragszahlungen der einzelnen Mitglieder immer mehr ab (vgl. See 1972: 105f). Die Mediatisierung war zwar noch nicht in dem Maße fortgeschritten, wie sie das heute ist, jedoch ist das ebenfalls ein Faktor, der schon im Jahre 1972 zur Entwertung der einzelnen Mitglieder beitrug. Den Parteien erschlossen sich neue Dimensionen der Wählerwerbung, was zur Folge hatte, dass Straßenwahlkämpfe, die üblicherweise durch die Mitglieder geführt werden, auch nicht mehr die wichtige Rolle einnahmen, die sie vorher hatten (vgl. Vielhaber 2015: 85).

Um zu prüfen, ob sich die SPD von der sogenannten chasse gardée, was eine Wählerschaft auf Klassen- und Konfessionsbasis bedeutet, abgewandt hat, dürfte es sich als nützlich erweisen, auf das Wahlprogramm von 1972 zu blicken, um zu sehen, welche Wählerschichten damit angesprochen werden. Zunächst einmal lässt sich jedoch konstatieren, dass sich die

Abweichung von einer Wählerschicht auf Klassen- und Konfessionsbasis und der bereits erläuterte Aspekt der Entideologisierung nicht klar trennen lassen. Es erscheint einleuchtend, dass mit der sukzessiven ideologischen Auflösung auch eine Aufweichung der Wählerschichten einhergeht. Nach der Loslösung von der marxistischen Ideologie im Zuge des Godesberger Programms und der Anerkennung der Marktwirtschaft verabschiedet sich die SPD von der reinen Wählerschaft auf Klassenbasis und öffnet sich neuen Wählerschichten. Blickt man auf das Wahlprogramm der SPD von 1972, ist die Tendenz zur Abweichung von der chasse gardée nicht ganz eindeutig fest zu machen, denn es finden sich größtenteils klassische Arbeiterthemen. So steht unter dem Punkt *Soziale Gerechtigkeit, Arbeitsschutz* geschrieben: „Die Bürgerinnen und Bürger unseres Landes wollen ihr Leben in sozialer Sicherheit führen. Sie erwarten soziale und gesundheitliche Vorsorge. Sie wollen im Arbeitsrecht, im Arbeitsschutz und in der Mitbestimmung nicht nur ihren Anspruch auf sichere Existenzgrundlagen, sondern auch den Respekt vor ihrer Leistung und Würde als arbeitende Menschen verwirklicht sehen" (Friedrich Ebert Stiftung). Des weiteren finden sich beispielsweise Themen wie *Gesundheit, Sparförderung und Beteiligung der Arbeitnehmer am Produktivvermögen* sowie *Sport, Erholung, Freizeit* im Wahlprogramm 1972, was letzten Endes auch eher Themen sind, die eine besondere Wählerschicht repräsentiert. Jedoch sind auch Inhalte zu finden, die durchaus eine größere Wählerschaft anspricht. So findet der Umweltschutz, der kein klassisches Arbeiterthema ist, seinen Platz im Wahlprogramm, wodurch sich die SPD der für Umweltthemen mehr zu begeisternden Mittelschicht öffnet. Auch das Thema Forschung richtet sich in erster Linie an die akademische Bevölkerung und nicht an eine Wählerschaft auf Klassenbasis. Insgesamt kann man resümieren, dass sich die SPD größtenteils schon alleine aufgrund ihrer Entideologisierung von einer Wählerschaft auf Klassenbasis verabschiedet hat. Jedoch spiegelt sich dies noch nicht in erheblichem Maße auf das Wahlprogramm wider. Aufgrund dessen kann man dieses Charakteristikum von Kirchheimer nur als bedingt erfüllt ansehen (vgl. Friedrich Ebert Stiftung).

Um die Verbindungen der SPD zu Interessenverbänden zu prüfen, blickt man am besten auf das Verhältnis der Sozialdemokraten zu den Gewerkschaften. Aufgrund der politisch-programmatischen Übereinstimmungen derselben erscheint eine gewisse Nähe schon fast obligatorisch (vgl. Langkau 1994: 54). Das zeigt schon der Aufruf *Wählt einen besseren Bundestag* des DBG im Jahre 1953, da sich dieser im Konflikt mit der regierenden CDU befand (vgl. Langkau 1994: 55). Ein weiteres Zusammenwachsen der SPD und der Gewerkschaften entfachte die Bildung eines Gewerkschaftsrates beim Parteivorstand der

SPD, wodurch die Zusammenarbeit der Führungen beider Organisationen verbessert werden sollte (vgl. Langkau 1994: 62f). Das Argument, das jedoch am klarsten aufzeigt, dass die SPD mit den Gewerkschaften stark verbunden war, ist die Übernahme von Regierungsämtern einiger Gewerkschaftsvertreter, wie Georg Leber und Walter Arendt unter der sozial-liberalen Koalition 1969 (vgl. Langkau 1994: 62f). Kirchheimer merkte an, dass es bei den Verbindungen zu Interessenverbänden in erster Linie um die Maximierung von Stimmen geht. Es mag einleuchtend erscheinen, dass dieser Aspekt erfüllt ist, denn durch die Einbettung von Gewerkschaftsvertretern im Parteivorstand der SPD respektive spätestens durch die Installierung derselben in Regierungsämtern ab 1969 waren starke Verbindungen zwischen den Organisationen vorhanden. Dadurch erscheint es logisch, dass innerhalb der Gewerkschaft – d.h. die einzelnen Mitglieder – deutliche parteipolitische Tendenzen zugunsten der SPD vorhanden sind, was natürlich letztendlich mehr Wählerstimmen von den einzelnen Gewerkschaftsmitgliedern für die SPD mit sich bringt.

Man kann festhalten, dass die Charakteristika, die Kirchheimer als typisch für eine Volkspartei aufgezeigt hat, im Großen und Ganzen erfüllt sind. Es ist zwar zweifelhaft, ob sich die SPD in Anbetracht des damaligen Wahlprogramms tatsächlich schon komplett von einer Wählerschaft auf Klassenbasis verabschiedet hat, jedoch kann man auch argumentieren, dass dies bereits im Zuge der Entideologisierung vonstatten gegangen ist. Außerdem zeigt das historische Wahlergebnis von 45,8%, dass sich die SPD auch für andere Wählerschichten als der Arbeiterklasse geöffnet hat.

3.2. Volksparteistatus der SPD zur Bundestagswahl 2009

Nun soll der Frage nachgegangen werden, wie es um den Volksparteistatus der SPD im Jahre 2009 gestellt ist, als mit 23% das bislang schlechteste Ergebnis der Geschichte eingefahren wurde. Nachdem bereits gezeigt wurde, aus welchen Gründen den Sozialdemokraten zu einer früheren Zeit der Typus der Volkspartei zuzusprechen war, soll nun darauf eingegangen werden, ob - und falls ja, aus welchen Gründen – man der SPD heute noch den Status einer Volkspartei zusprechen kann.

Da sich die SPD im Zuge des Godesberger Programms bereits in ihren Grundzügen entideologisiert hat, indem man sich von der marxistischen Ideologie abgewandt hat, wird auf den von Kirchheimer aufgezählten Aspekt der Entideologisierung im Folgenden nicht mehr explizit eingegangen.

16

Da man bei der Analyse der SPD im Jahre 1972 bereits feststellen konnte, dass die Stärkung der Politiker an der Parteispitze und die Entwertung der Rolle des einzelnen Mitglieds nicht klar voneinander zu trennen sind, werden diese beiden Charakteristika im Folgenden gemeinsam untersucht. Parteien lassen sich heute „als Gebilde betrachten, die in zahlreiche selbstbezogene Segmente und Teilbereiche zerfallen" (Wiesendahl 2006: 36). Dies bedeutet, dass Parteien auf Orts-, Landes- und Bundesebene als Teileinheiten mit ausgeprägtem Eigenleben auftreten, die autonom handeln und nur lose miteinander verbunden sind (vgl. Wiesendahl 2006: 36). Die Folge daraus ist, dass es nicht möglich ist, auch nicht für die Personen in den Führungspositionen, die Partei als Ganzes zu kontrollieren. „Die Parteiführung kann nicht top-down die Kontrolle über die Landesgruppierungen und die zahlreichen Mitgliederorganisationen gewinnen, wie umgekehrt bottom-up Basiseinheiten nicht in der Lage sind, bindewirksam in den oberen Führungsbereich der Partei hineinzuregieren" (Wiesendahl 2006: 36).

Zur Rolle des einzelnen Parteimitglieds ist zunächst festzustellen, dass die unmittelbare demokratische Teilhabe desselben nur auf der Ortsebene bei Mitgliederversammlungen gewährleistet ist. Auf der nächst höheren Ebene, der Kreisebene, beginnt bereits das Delegiertenwesen. In die Delegiertengremien muss man entsandt oder gewählt werden und dort findet die politische Entscheidungsbildung und Sacharbeit statt. Insgesamt betrachtet, endet hier für den Großteil der Parteimitglieder die Möglichkeit der Einflussnahme, da diese weder über ein Parteiamt noch über ein Delegiertenamt verfügen (vgl. Wiesendahl 2006: 36). Wenn man delegiert wurde und auf den Parteitag, wo der größte Entscheidungseinfluss ausgeübt wird, entsandt wird, ist die individuelle Einflussnahme kaum vorhanden, da die Delegiertenzahl viel zu groß ist, um auf den Parteitagsverlauf einwirken zu können (vgl. Wiesendahl 2006: 37). Allerdings wurden seit den 1980er Jahren immer wieder Versuche unternommen, die innerparteiliche Struktur zu reformieren. Diese Bestrebungen zielten in erster Linie darauf ab, die SPD als Mitgliederpartei zu erhalten, wofür mehrere Ansätze entwickelt wurden. Erstens war man versucht, die Partei zu öffnen. Darunter fiel beispielsweise die Akzeptanz von Quereinsteigern und die Auflistung von Nichtmitgliedern auf Wahllisten. Zweitens sollten die Parteistrukturen an Attraktivität gewinnen. Dies wollte man bewerkstelligen, indem man die Arbeit mehr auf Projekte orientierte und indem mehr direkte Demokratie innerhalb der Partei gewagt wird. Zudem sollte drittens mehr auf die Wünsche der Mitglieder eingegangen werden und ihnen mehr Service geboten werden, was sich beispielsweise an Qualifizierungsprogrammen oder an politischer Bildungsarbeit widerspiegelte (vgl. Gorholt 2009: 258f).

Wie bereits dargelegt wurde, ist es den Führungseliten innerhalb der SPD nicht möglich, die komplette Partei für ihre Zwecke zu lenken, da eine Partei aus zu vielen mehr oder minder autonomen Einzelteilen besteht. Jedoch bieten sich den Parteispitzen andere Möglichkeiten der Einwirkung, wie beispielsweise die Einflussnahme auf die von der exklusiven Programmkommission formulierten Leitanträge, über die bei Parteitagen abgestimmt wird. Die Parteivorstände haben, bevor Anträge zur Abstimmung gehen, die Möglichkeit, diese zu prüfen und gegebenenfalls auch zu glätten (vgl. Wiesendahl 2006: 37). Ein weiteres Merkmal, das zeigt, dass die Macht der Führungseliten einer Partei groß ist, ist die „demoautoritäre Entscheidungsbildung" (Wiesendahl 2006: 37) bei Wahlprogrammen. Diese werden von einer geringen Anzahl von Parteispitzen erarbeitet und müssen anschließend bei Wahlparteitagen nur noch gebilligt werden (vgl. Wiesendahl 2006: 37). Zudem wird der Einfluss der fortschreitenden Mediatisierung offensichtlich, wenn man sich ansieht, welche Personen in Spitzenämter gehoben werden: „In höchste Spitzenämter der Parteien dringt vor, wer es gleichzeitig zur herausgehobenen Medienprominenz gebracht hat" (Wiesendahl 2006: 37). Um diese Prominenz unter anderem sicherzustellen, sorgt bei Parteitagen die Regie dafür, „dass der Parteienprominenz vor laufender Kamera eine Plattform zur Selbstdarstellung und Medienpräsenz eingeräumt wird" (Wiesendahl 2006: 37). Außer der Verringerung der Vorstandsmitglieder von 35 auf 25 und der Neueinführung des Amtes des Generalsekretärs hat sich in der Struktur der Führungspositionen innerhalb der SPD im Vergleich zum Jahr 1972 nicht viel verändert, was bedeutet, dass nach wie vor die innerparteiliche Machtkonzentration bei den Führungsspitzen liegt. Allerdings möchten sich die Sozialdemokraten die Eigenschaft einer Mitgliederpartei erhalten, was gegen die Theorie von Kirchheimer spricht und somit ist es fraglich, ob man dieses Kriterium als erfüllt ansehen kann.

Bei der Untersuchung der Wählerbasis der SPD im Jahre 1972 hat sich bereits herausgestellt, dass man sich nicht, wie in Kirchheimers Theorie beschrieben, wirklich stark von einer chasse gardée abgewandt hat, da das Programm nach wie vor stark auf die Arbeiterklasse zugeschnitten war. Auch heute noch ist eine gewisse Milieuverhaftung bei der SPD nachzuweisen, „jedoch [wird diese – Anm. d. Verf.] zunehmend mit den Zügen professioneller Wählerparteien vermischt, die mit modernen Mitteln der Organisation um Stimmen und Ämter kämpfen" (Detterbeck 2010: 32). Insgesamt muss man zwar feststellen, dass die Identifikation mit der Partei über die Jahre sukzessive nachgelassen hat, „dennoch fühlt sich die Mehrzahl der Bürger immer noch einer bestimmen Partei nahe" (Detterbeck 2010: 33). So kann man der SPD ein klares Sozialprofil nachweisen, denn sie stellt nach wie vor eine Arbeitnehmerpartei dar. Hinzu kommt die sog. neue Mittelschicht, die sich aus der Gruppe der Angestellten und Beamten zusammensetzt (vgl. Detterbeck 2010: 33). Bestätigt wird das mit Blick auf die Struktur der SPD-Wählerschaft nach Berufen zur Bundestagswahl 2009. Im Westen erhielten die Sozialdemokraten 27% ihrer Gesamtstimmen von dem klassischen Milieu, den Arbeitern. 24% der Wähler waren Angestellte und 26% Beamte. Im Osten wird diese ausgewogene Wählerstruktur bestätigt. 17% der Stimmen erhielt man von den Arbeitern, 20% von Angestellten und 18% von Beamten (Jun 2013: 395). Da sich die SPD zwar neuen Wählerschichten geöffnet hat, sich eine gewisse Milieuverhaftung allerdings beibehalten hat, ist der von Kirchheimer aufgeworfene Idealtyp nur teilweise erfüllt.

Für Kirchheimer war der Aspekt, gute Verbindungen zu den Interessenverbänden zu halten, nicht in erster Linie aus finanziellen Gesichtspunkten von Bedeutung, sondern es ging ihm primär um die Maximierung von Wählerstimmen (vgl. Kirchheimer 1965: 32f). Da man im Falle der SPD die Beziehungen zu den Gewerkschaften untersuchen sollte, stellt sich zunächst die Frage, ob Gewerkschaften heute überhaupt noch eine solch wichtige Rolle spielen. Blickt man auf die jährlichen Mitgliederbilanzen des DGB, erkennt man, dass dieser seit 1991 einen kontinuierlichen Rückgang der Mitgliedszahlen zu verzeichnen hat. Bis Ende 2012 summierte sich dies auf einen Rückgang um rund 48% (Schönhoven 2014: 78). Aufgrund dieses Rückgangs kann man durchaus in Frage stellen, ob Kirchheimers Theorie noch greift und ob die Verbindung zu Gewerkschaften nach wie vor sehr wichtig ist.
1998 gelang der von u.a. den Gewerkschaften geforderte Politikwechsel in der BRD mit einer rot-grünen Koalition, wodurch die SPD seit vielen Jahren wieder Regierungsverantwortung übernehmen konnte. Dies führte jedoch nicht zu einem Schulterschluss zwischen SPD und den Gewerkschaften, denn die Einführung der Agenda 2010 unter Schröder im Jahr 2003 mündete in einem offenen Konflikt. Beispielsweise der Umbau des Sozialstaates nach dem Motto Fordern und Fördern, Eingriffe in die Arbeitslosen- und Sozialhilfe sowie die Öffnung für marktliberale Wirtschaftskonzepte führte zu Massenprotesten und zu einer tiefen Krise zwischen DBG und SPD. Dies implizierte einen massenhaften Abgang der gewerkschaftlichen Stammwählerschaft und mündete in der erheblichen Wahlniederlage zur Bundestagswahl 2009 (vgl. Schönhoven 2014: 79). Man sieht also, dass das Verhältnis zwischen der SPD und den Gewerkschaften in den Jahren seit 1972 erheblich gelitten hat.

Deshalb kann man diesen Aspekt Kirchheimers ebenfalls als eher nicht erfüllt ansehen.

4. Fazit

Zusammenfassend kann man nun konstatieren, dass der SPD im Jahr 1972 größtenteils zurecht der Status einer Volkspartei zugesprochen wurde. Wie gezeigt wurde, hat sich die SPD im Zuge des Godesberger Programms in ihren Grundsätzen entideologisiert, indem sie sich von der marxistischen Ideologie verabschiedete. Auch die sukzessive Konzentration von Macht zugunsten der Parteispitzen einerseits durch innerparteiliche Maßnahmen, wie beispielsweise Wahlverfahren, andererseits nach außen durch die Schöpfung der Figur des Kanzlerkandidaten entspricht dem Volksparteienkonzept von Kirchheimer. Dass die Rolle des einzelnen Parteimitglieds teilweise entwertet wurde, lässt sich zum einen durch die neuen Finanzierungsmöglichkeiten der Parteien als auch durch die zunehmende Mediatisierung, durch die beispielsweise die Wichtigkeit von Straßenwahlkämpfen abgenommen hat, ableiten. Außerdem ist das Kriterium, dass Volksparteien enge Verbindungen zu Interessenverbänden anstreben durch die obligatorische Nähe zwischen den Sozialdemokraten und den Gewerkschaften erfüllt. Von einer Abkehr von einer Wählerschaft auf Klassenbasis kann zwar teilweise durch die Entideologisierung sprechen, jedoch weist die SPD programmatisch durchaus noch klare Tendenzen zu einem bestimmen Milieu auf, weshalb dieser Aspekt von Kirchheimer als eher minder erfüllt angesehen werden kann. Zudem ist das historische Wahlergebnis von 45,8% ein zusätzliches Indiz dafür, dass man der SPD 1972 den Volksparteistatus zusprechen kann.

Auch 2009 liegt die innerparteiliche Macht nach wie vor bei den Spitzenpolitikern, die allerdings freilich nicht die Kontrolle über die gesamte Partei inne haben können, denn dafür besteht eine Partei aus zu vielen Teilbereichen. Die Mediatisierung hat bewirkt, dass es für die Spitzenpolitiker zunehmend wichtiger geworden ist, eine gewisse Medienprominenz inne zu haben, was diese Tendenzen der Machtkonzentration zugunsten der Spitzenpolitiker noch bestärken dürfte. Die Rolle des einzelnen Parteimitglieds ist weiterhin nicht sonderlich stark, jedoch erkannte man im Laufe der 80er Jahre, dass dies einer Änderung bedarf, woraufhin innerparteiliche Reformen zugunsten der Mitglieder durchgeführt wurden. Eine Wählerschaft auf Klassenbasis ist nicht mehr nachzuweisen, jedoch haben die Wähler der SPD ein klares Sozialprofil. Sie stellt nach wie vor eine Arbeitnehmerpartei dar und deshalb entspricht sie nicht mehr dem von Kirchheimer aufgezeigten Idealtyp. Außerdem sind die Verbindungen zu den Gewerkschaften über die Jahre zunehmend schlechter geworden. Das mündete in einem massenhaften Abgang gewerkschaftlicher Stammwähler im Zuge der Agenda 2010.

Insgesamt kann man nun also feststellen, dass zwar auch 2009 einige der Charakteristika von Kirchheimer erfüllt sind, jedoch widerspricht die SPD dessen Idealtyp. Da Kirchheimers Theorie aus dem Jahre 1965 stammt, ist diese ggf. nicht mehr ganz zeitgemäß und kann schwierig auf die heutige Parteienlandschaft angewendet werden. Die zunehmende Wichtigkeit von Medien war für Kirchheimer noch nicht absehbar und deshalb ist es schwierig, der SPD im Jahre 2009 noch den Volksparteistatus im Kirchheimerschen Sinne zuzusprechen.

Literaturverzeichnis

Primärliteratur:

- Kircheimer, Otto: Der Wandel des Westeuropäischen Parteisystems. In: Politische Vierteljahresschrift, nomos 1965, S. 20-41.

Sekundärliteratur:

- Bundeszentrale für politische Bildung: http://www.bpb.de/politik/wahlen/bundestagswahlen/62559/bundestagswahlen-1949-2009 (Entnahmedatum: 6.6.16).
- Decker, Frank: Parteiendemokratie im Wandel, Nomos, Baden-Baden 2015.
- Detterbeck, Klaus: Parteien und Parteiensysteme, UVK Verlag, Konstanz 2011.
- Detterbeck, Klaus: Die Veränderung sozialer Milieus und die Krise der Volksparteien, in: Breit, Gotthart/ Massing, Peter (Hrsg): Politische Bildung, Soziale Milieus 2/2010, Wochenschau-Verlag, Schwalbach 2010.
- Friedrich Ebert Stifung: http://library.fes.de/pdf-files/bibliothek/bestand/a83-02241.pdf (Entnahmedatum: 15.6.16).
- Gorholt, Martin: Die SPD als Mitgliederpartei, in: Jun, Oskar/ Niedermayer, Oskar/ Wiesendahl, Elmar (Hrsg): Die Zukunft der Mitgliederpartei, Budrich, Opladen 2009, S. 257-260.
- Grunden, Timo: Die SPD: Zyklen der Organisationsgeschichte und Strukturmerkmale innerparteilicher Entscheidungsprozesse, in: Korte, Karl-Rudolf/ Treibel, Jan (Hrsg): Wie entscheiden Parteien? Prozesse innerparteilicher Willensbildung in Deutschland, Nomos, Baden-Baden 2012.
- Hofmann, Bernd: Annäherung an die Volkspartei, VS-Verlag, Wiesbaden 2004.
- Jun, Uwe: Sozialdemokratische Partei (SPD), in: Decker, Frank (Hrsg): Handbuch der deutschen Parteien, Springer, Wiesbaden 2013, S. 387-403.
- Langkau, Jochen/ Matthöfer, Hans/ Schneider, Michael: SPD und Gewerkschaften. Band 1: Zur Geschichte eines Bündnisses, Verlag J.H.W. Dietz, Bonn 1994.
- Mintzel, Alf: Die Volkspartei, Westdt. Verlag, Opladen 1984.

- Schlieben, Michael: Zeit Interview: http://www.zeit.de/politik/deutschland/2010-03/interview-franz-walter-spd (Entnahmedatum: 6.6.16).

- Schönhoven, Klaus: Geschichte der deutschen Gewerkschaften: Phasen und Probleme, in: Schröder, Wolfgang/ Weßels, Bernhard (Hrsg): Handbuch Gewerkschaften in Deutschland, Springer, Wiesbaden 2014, S. 59-84.

- See, Hans: Volkspartei im Klassenstaat oder Das Dilemma der innerparteilichen Demokratie, Rowohlt, Reinbek 1972.

- Vielhaber, Barbara: Mitgliederpartei oder Professionelle Wählerpartei, Springer, Wiesbaden 2015.

- Wiesendahl, Elmar: Parteien, Fischer, Frankfurt am Main 2006.